LAS PALABRAS DEL SEXO

JUAN ÁLVAREZ

Primera edición en NewCastle Ediciones,
Septiembre 2021

ISBN 978-84-122551-6-4
Dep.Legal: MU 778-2021

Diseño colección: Cristina Morano
Impresión: KADMOS

Edita: Newcastle Ediciones
Calle san Nicolás 25, 3° D
30153 Corvera (Murcia)
newcastleediciones@yahoo.com
www.newcastle–ediciones.tublr.com

LAS PALABRAS DEL SEXO

A todas las mujeres
que han estado en mi vida
y que me han hecho
sentir vivo

I

Ella— Qué bien besas. Se nota que tienes experiencia.

Era el primer beso de él.

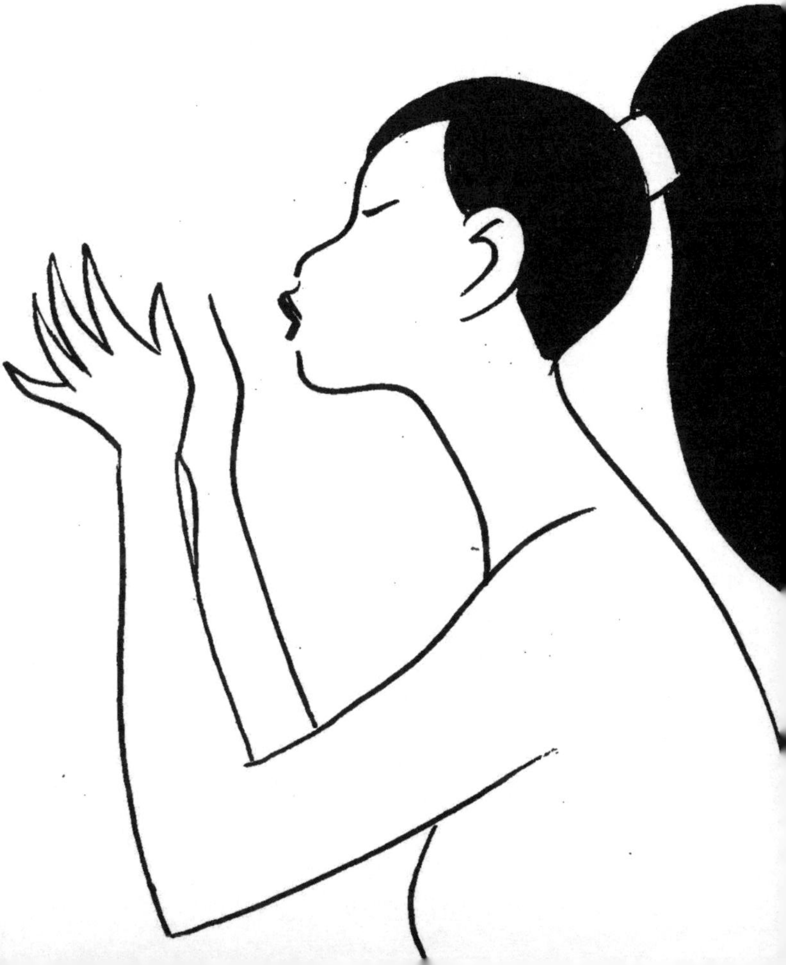

II

A él le temblaban las manos. Aun así, rodeó su cintura y sintió su piel cálida. Ella también temblaba, era la primera vez que la tocaban.

Ella— Más abajo.

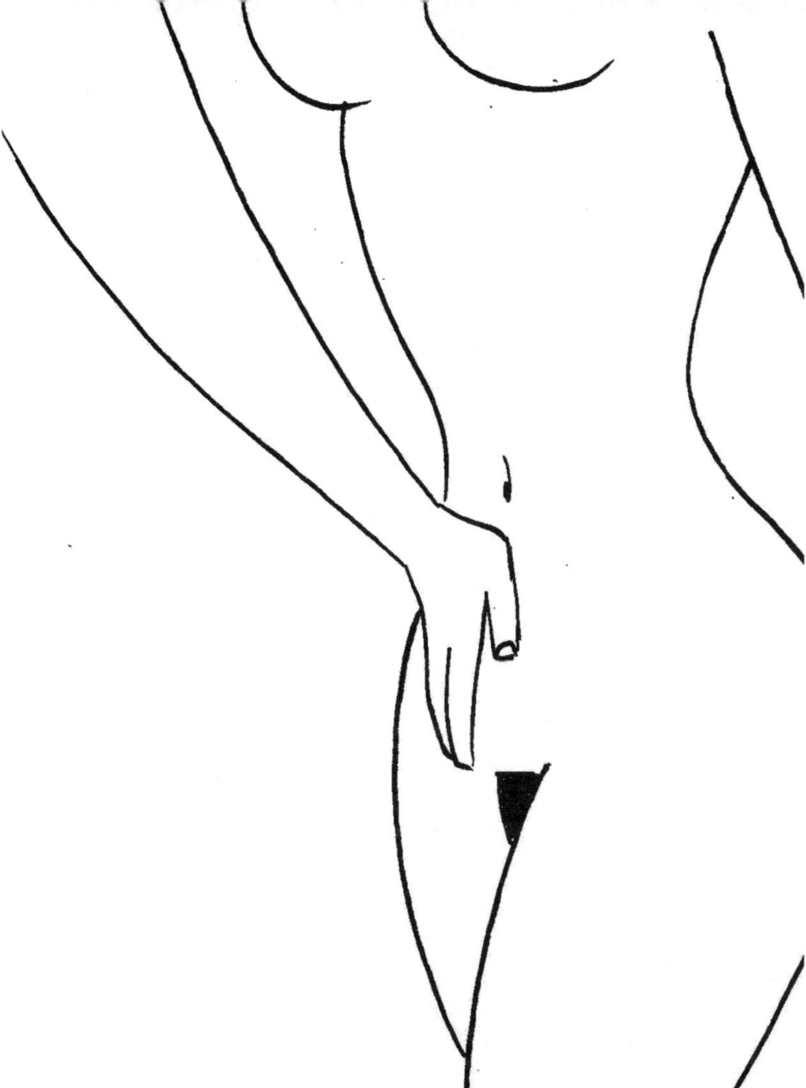

III

Él besó sus pechos veinteañeros. Tímidamente le preguntó si le gustaba.
Ella—¡Pues claro! ¡Sigue!

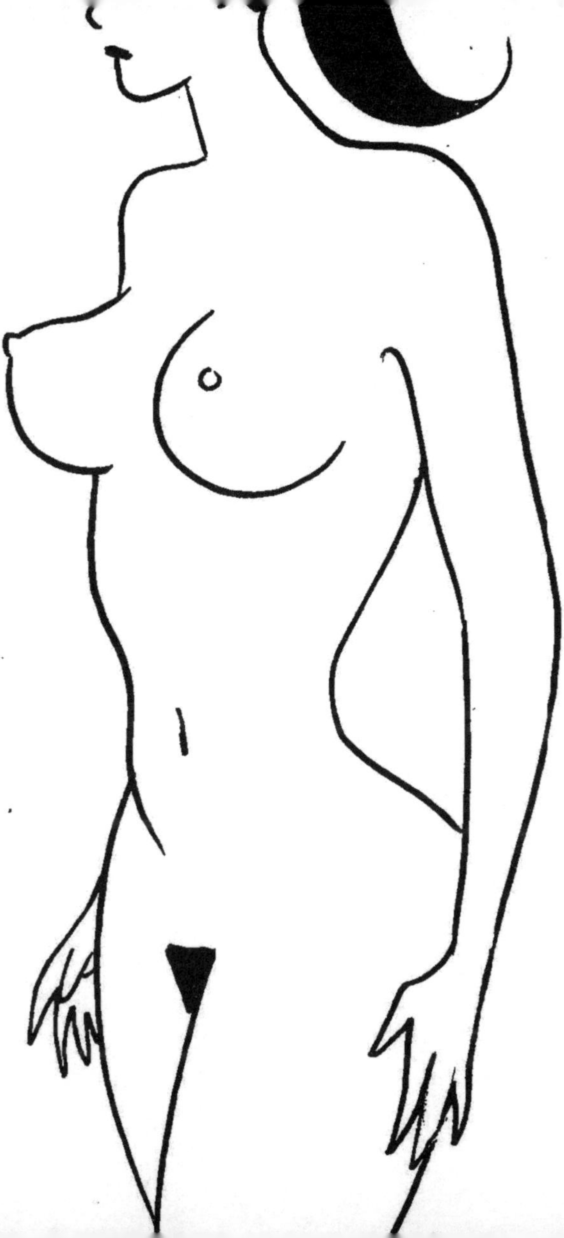

IV

Ella— Me encanta tu acento del sur.
Él— A mí no. ¿Cómo te llamas?
Ella— Llámame la chica de ayer. ¿Y tú?
Él— Llámame el chico de mañana.

Y continuaron en el baño del bar.

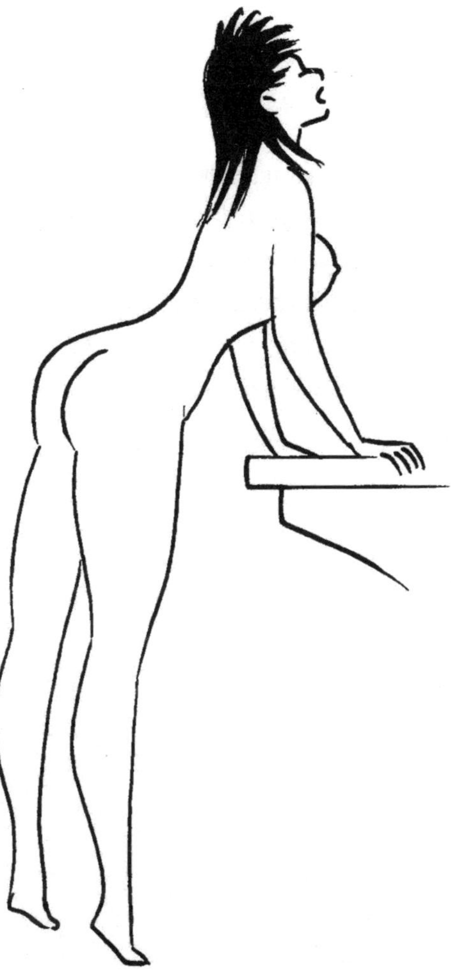

V

En Rumanía, una noche de verano. El tren lleno. Pasillos repletos de gente, sentados, de pie... Jóvenes turistas de todos sitios. Cuerpos apretados. Él sintió una mano ahí abajo. En la oscuridad, ella le dijo “Il te plait?”. Y él respondió “oui”. Amaneció en Timisoara. Se perdieron de vista. Nunca se vieron las caras.

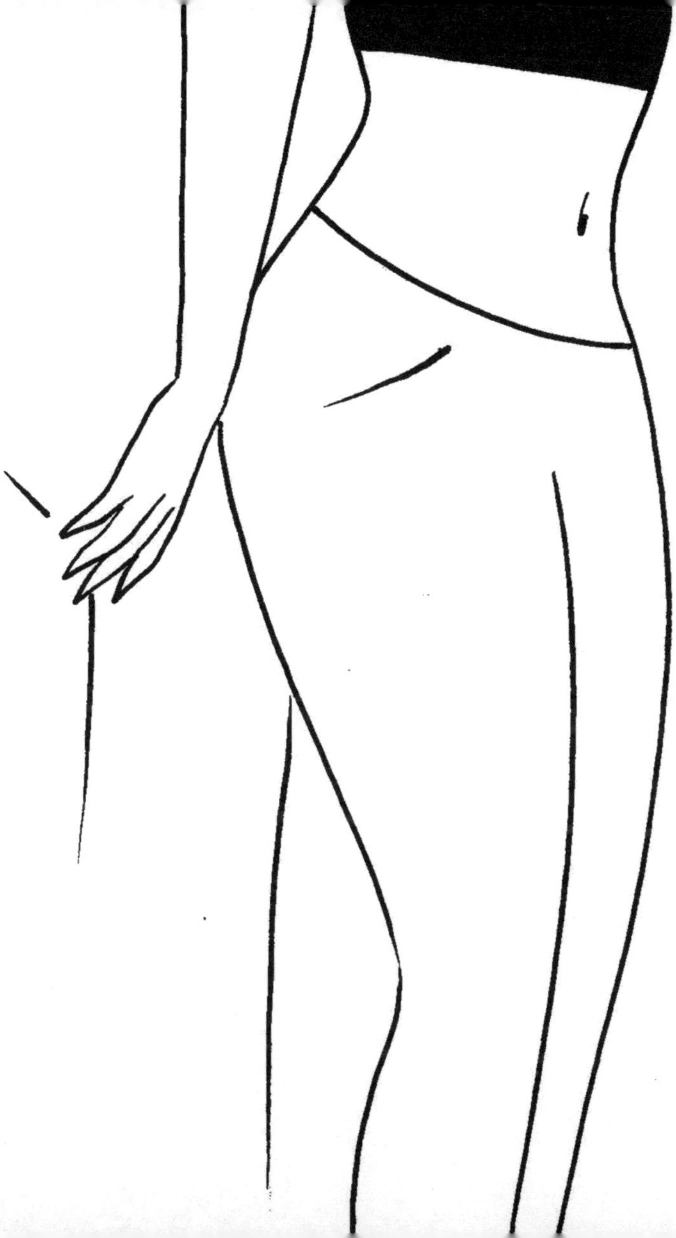

VI

Ella— No me beses ahí que me enciendes.
Él, entonces, la besaba ahí y se encendía y se incendiaba todo.

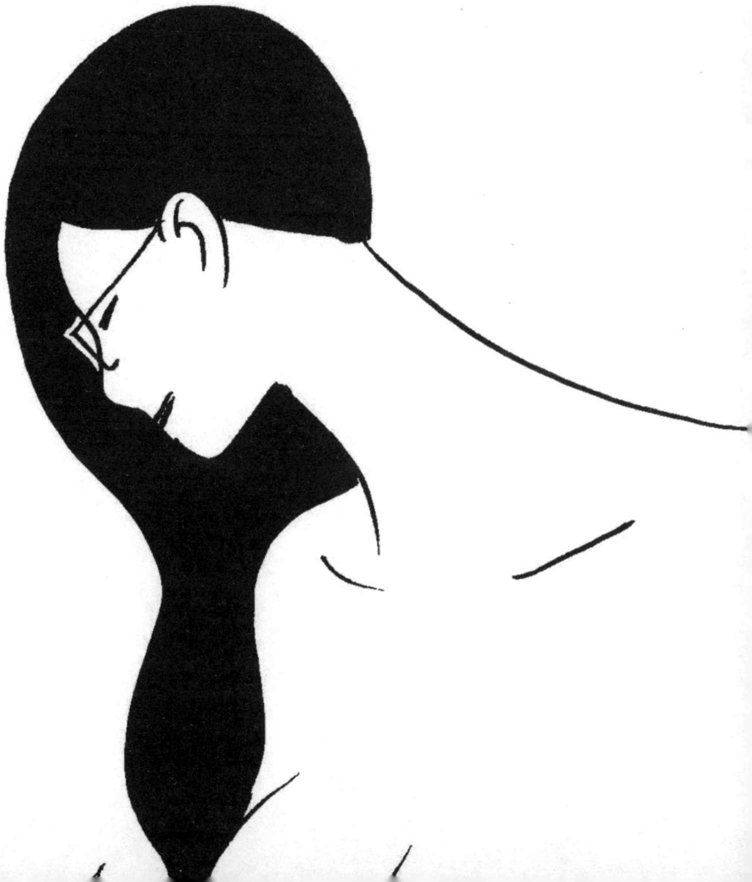

VII

Él— Quítate el sujetador.
Ella— ¿Tú qué pretendes?
Él— Lo que tú quieras.
Ella— Me lo quito.

VIII

Ella era italiana, se gustaron, se besaron, hicieron el amor hasta el amanecer.
Cuando se despidieron, ella dijo "Mi tremano le gambe". Y él "anche a me".

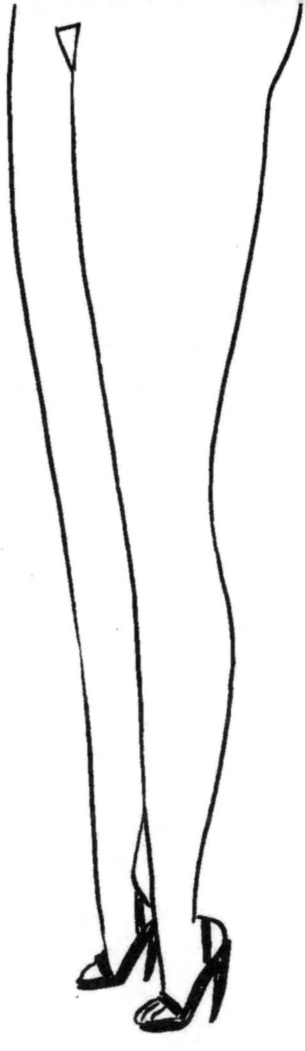

IX

Él— ¿Te puedes quitar la camiseta?

Ella— ¿Qué quieres de mí?

Y, a partir de ahí, los dos lo quisieron todo.

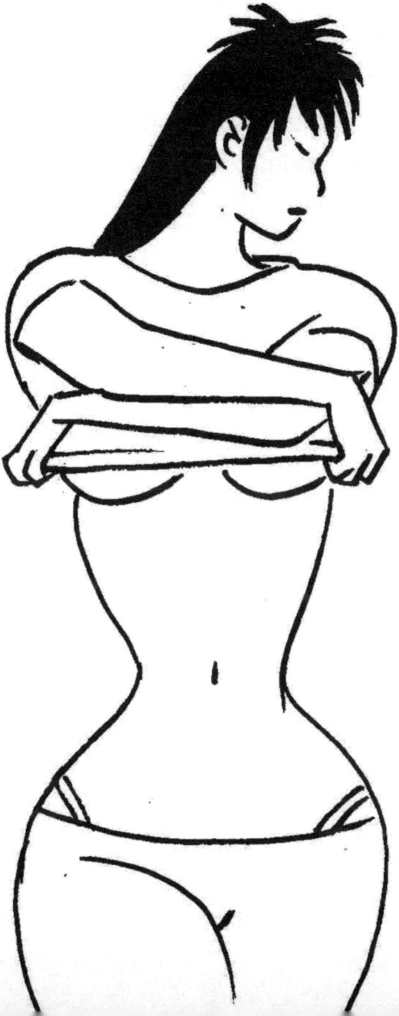

X

Él, o mejor dicho, sus dedos, viajaban en un suave ida y vuelta dentro de ella, mientras su lengua se movía al mismo compás.
Ella— ¿Dó... dónde has aprendido a hacer esoooo?

Y todo se quedó en una larga o.

XI

La música era lo de menos. Bailaban como si fueran los únicos en aquella discoteca. Él abrazó su cintura por detrás y le susurró "¿Te gusta?". Ella respondió "Sí". Luego se besaron apasionadamente y después... después ella se desvaneció en la noche.

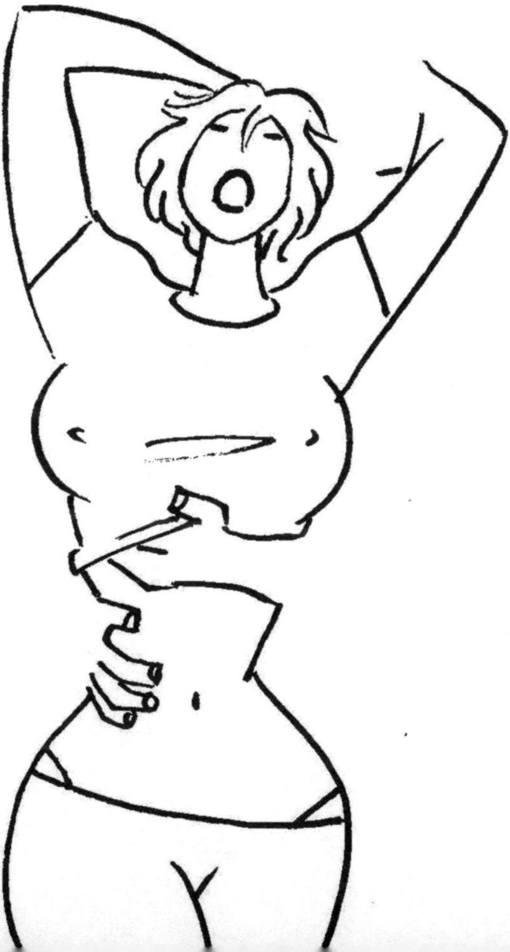

XII

Ella— ¿Te gusto como mujer o como amiga?

Él— Como mujer.

Entonces ella se abalanzó sobre él.

XIII

Ella estaba de pie, pegada a la pared.

Ella— ¿Te gusta así?

Él— Me encanta.

Ella— ¿Quieres que me ponga los tacones?

Él— Sí.

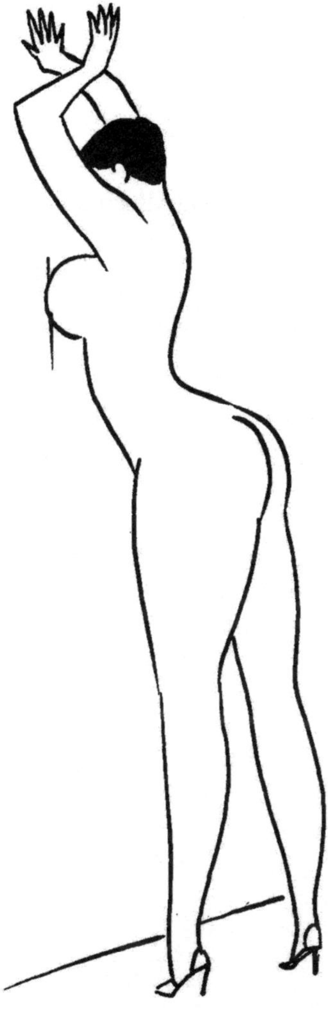

XIV

Él estaba con dos amigos más en un pub de un pequeño pueblo de Escocia.

Él estaba sentado, se le acercó una mujer bellísima, pelirroja... disfrazada de hada. Ella le dedicó unas palabras que no oyó ni entendió, pues se había quedado embelesado imaginándola desnuda.

Amigo— Que dice que eres muy guapo pero que está con su marido.

Él— Dile que ella también es muy guapa.

Y así acabó la breve historia de amor.

XV

Terminó la cena benéfica.

Ella— ¿Vienes a mi casa? Tengo apartamento propio.

Él— ¡Jajajaja!

Y no fue. Pensó que una mujer como aquella se reía de él. Ella no se reía de él.

XVI

Él— Bájatelas.

Ella— A mí me gusta que me las bajen.

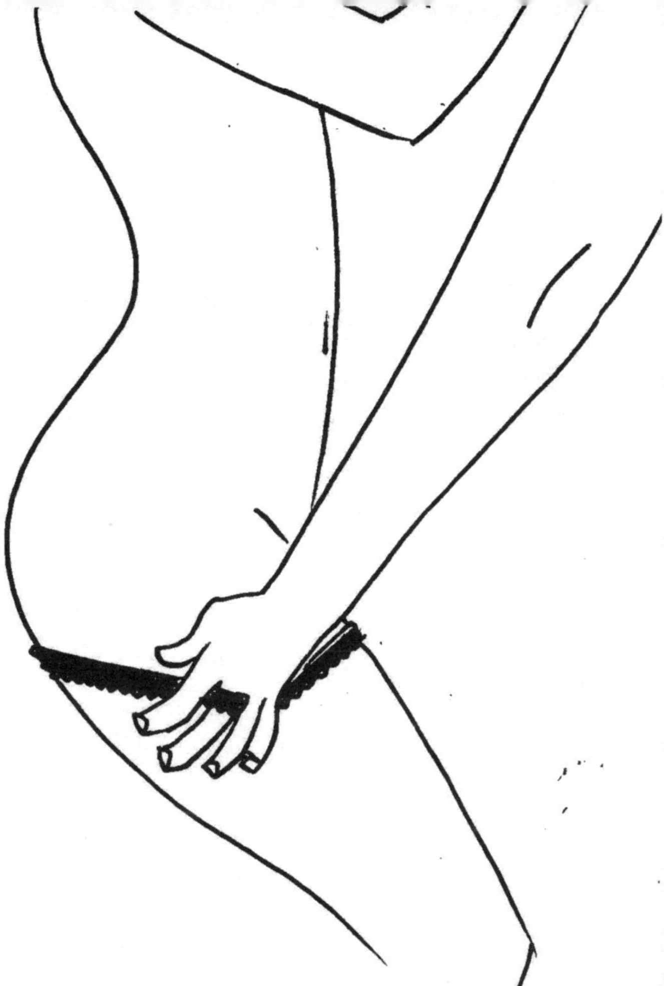

XVII

Estaban haciendo el amor en la terraza. Él estaba detrás.

Ella— ¿Hacemos el Titanic?

Él— ¡Venga!

XVIII

Ella— Quiero ser tu gata.

Él— ¿Para maullarme?

Ella— No. Para arañarte.

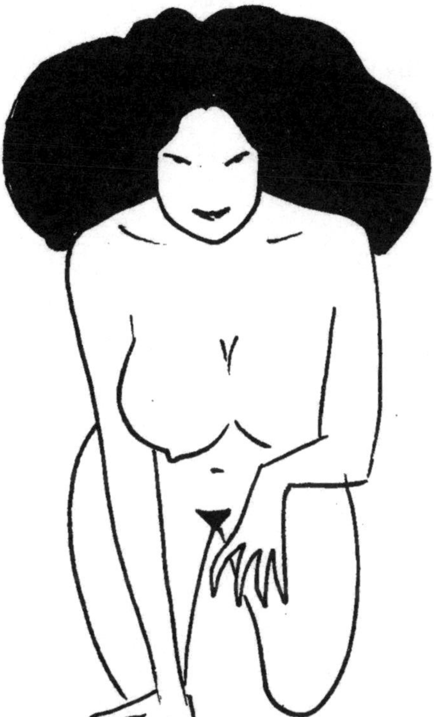

XIX

Ella estaba de pie, encendiéndose un cigarro. Él la miraba desde la cama.

Ella— Me estás mirando el culo.

Él— Sí ¿No te gusta?

Ella— Sí.

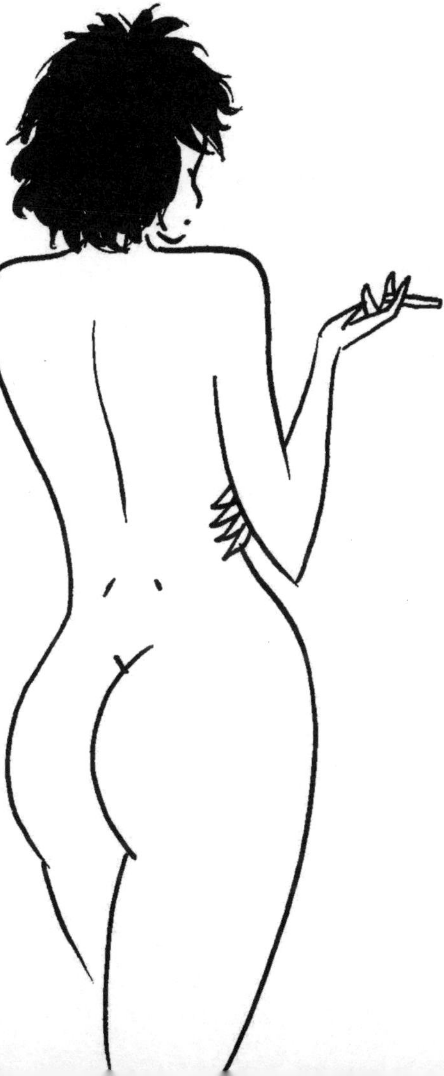

XX

Ella— Es la primera vez que me afeitan.

Él— Si quieres lo dejo.

Ella— No pares, por dios.

XXI

Ella— ¡Jálame el cabello, papi!

Y él lo hizo.

XXII

Ella— Te vi hablando con tus ojazos y pensé “qué mirada tiene el cabrón”.

Él— ¿Ah, sí?

Ella— Sí. ¿Te parezco guapa?

Él— Mucho.

Y ahí pudo haber empezado todo.

XXIII

Ella— Estoy muy mojada. Ahora entraría muy bien.

Y él entró.

XXIV

Ella— Pégame.

Él— Pero…

Ella— Venga, joder.

Él— Pero…

Y llegaron al orgasmo.

XXV

Ella— Con cuidado, hace tiempo que no entra nada ahí.

Y él tuvo cuidado.

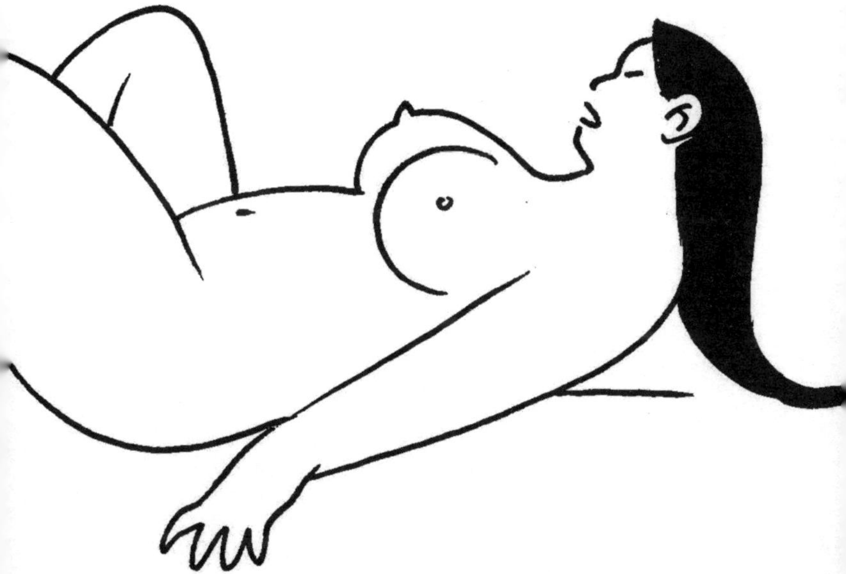

XXVI

Él— Si el perro sigue ahí, yo no puedo. O él o yo.

Ella— Él.

XXVII

Ella estaba arrodillada ante él.

Ella— Sabe a espárragos.

Él— Imposible, no me gustan los espárragos.

XXVIII

Ella— No me gusta por detrás. Quiero ver tu cara cuando llegas y que tú veas la mía.

Y los dos llegaron viéndose las caras.

XXIX

Ella estaba sentada sobre él.

Ella— No te muevas.

Y empezó a moverse suavemente, en movimientos circulares.

Se oyó cómo se abría la puerta y él se movió.

XXX

Ella fumaba y hablaba sobre el pene de él.

Ella— Está muy bien.

Él— ¿Qué dices? Es muy normalito.

Ella— Hijo, se ve que he tenido mala suerte.

Y le dio otra calada al cigarro.

XXXI

Ya hacía un rato que él la miraba fijamente a la cara.

Él— No sé qué decirte.

Ella— Pues no digas nada, caramba... ¡Y bésame!

XXXII

Él la miró cuando salía de la casa. Vio su grácil figura alejarse. Aún tenía su olor impregnado. Ella, mientras se alejaba, tuvo unas ganas locas de volver y abrazarle. Pero no lo hizo.

XXXIII

Ella— ¿Nunca has tenido un gatillazo?

Él— No.

Ella— Pues todos los hombres con los que he convivido, alguna vez han tenido uno.

Él— Yo no soy todos.

XXXIV

Ella— ¿Por qué no te afeitas los pelos del pubis?

Él— No me gusta.

Ella— Parecerá que la tienes más grande.

Él— ¿No me dijiste que te gustaba?

Ella— Sí, pero...

Él— Ya no me quieres.

Ella— ¿Qué dices? ¡Claro que te quiero!... Venga, olvídalo.

Y lo olvidó.

XXXV

Él— Te beso el ombligo, el monte de Venus...bajo a tus ingles...

Ella— Sigue, sííí...

¡Tuuuuut...tuuuuut...tuuuut!

Y la batería se agotó.

XXXVI

Él— ¿Por qué no te dejas el pelo largo?

Ella— ¡Qué clásico eres! Si me lo dejo largo no podrás besar mi nuca como lo haces ahora.

Él— No te lo dejes.

XXXVII

Ella estaba sentada en la ventana. Fumaba.
Él— Me gusta verte fumar.
Ella— ¿Y qué no te gusta de mí?
Él— Me gusta todo de ti.

XXXVIII

Acababan de hacer el amor y ella se fue a la cocina, se puso el delantal y comenzó a hacer de comer.
Sintió que él la miraba.
Ella— ¿No has tenido bastante con el aperitivo?
Él— No.

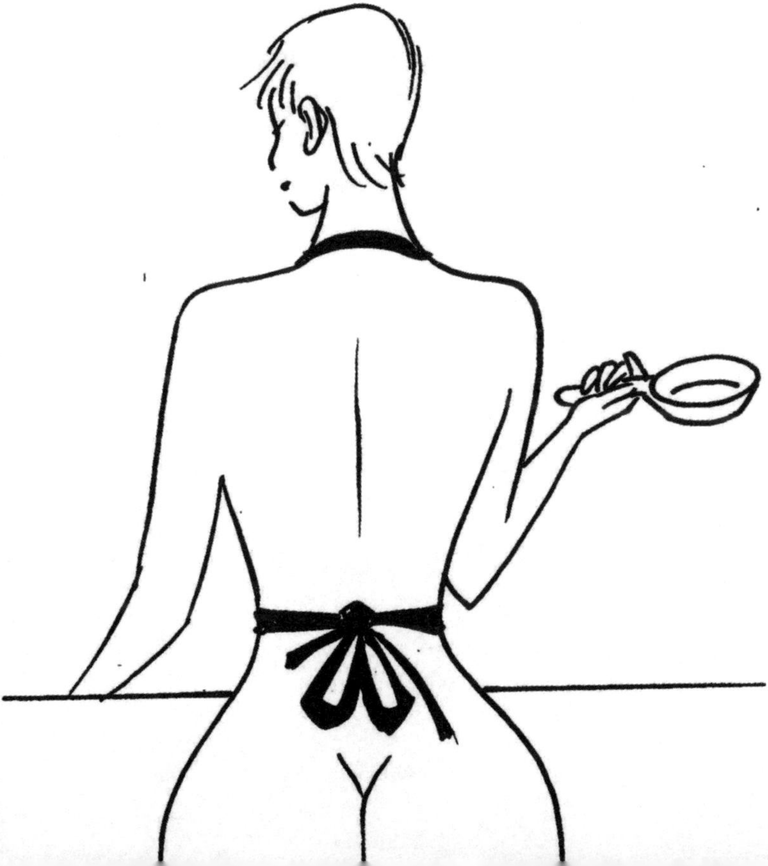

XXXIX

Había comprado una tarta.
Él— ...Te embadurno el cuerpo de merengue y voy comiéndote poco a poco.
Ella— Pero... ¿Qué dices? ¿Pringarme el cuerpo? ¿Tú sabes lo pegajoso que...? Pero... ¿dónde vas?

Y él se comió la tarta con su amigo Paco.

XL

Ella le enseñó el arte del bondage... Y él se aplicó.

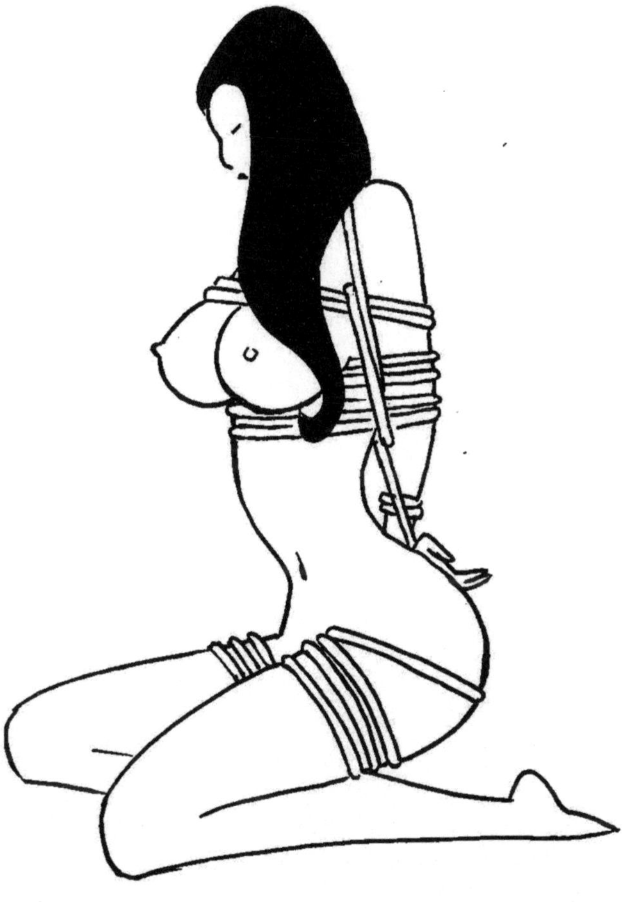

SOBRE EL LIBRO

Un día Javier Castro, editor, a la sazón, de esto, me dijo: "Quiero publicar un libro tuyo". Aquello me sonó a "quiero un hijo tuyo". Me sonó tan imperativo y tan apasionado que inmediatamente le dije que sí, aún sin tener idea sobre qué tipo de libro sería. Pero sólo la petición, el querer interesarse por mi trabajo, fue suficiente.

La pasión de Javier por editar y la mía por crear produjeron en mi cerebro ideas a tutiplén. Los retos son un impulso, no una angustia. Y ese impulso se suele transformar pronto en ideas, en ideas con forma. Y así fue como nació este libro, con mucha forma.

Forma de cuerpo femenino y forma de la palabra, ambas indisolubles en mi creación.

Pero al contrario que en otras creaciones donde la ficción y la fantasía priman, he querido acercarme a mí y mirarme. Conocerme más a través de las personas que han pasado por mi vida, de las mujeres que tanto me han aportado y enriquecido. Conocerme y conocer a través de las palabras que nos dijimos en los momentos más íntimos. Esas palabras capaces de incendiarlo todo o de acabar con toda la líbido del mundo. Palabras que hacen reir, palabras que hacen huir, palabras que hacen gemir.

Estoy seguro que más de uno y de una habréis padecido o gozado de momentos similares y que, por tanto, empatizaréis con las escenas.

Ha sido un ejercicio de memoria que no me ha obligado a invertir demasiado tiempo, porque, como todos sabéis, hay palabras y susurros que jamás se olvidan.

JUAN ÁLVAREZ

EPÍLOGO DEL EDITOR

Cuenta alguien que visitó a Rafael Alberti en su casa de Roma que en las paredes, además de algunos grabados de Picasso y Miró, colgaba muy visible un cartel que decía NO SE HACEN PRÓLOGOS. Y es que en verdad los prólogos son un invento engorroso... Siempre he pensado que, para los humanos, son como los obstáculos del Grand National para los caballos: algo que hay que saltar sin pensárselo mucho. Pero nadie –que yo sepa al menos– ha denostado los epílogos. Porque éstos recuerdan al abrazo con el que despides a un amigo con el que has pasado un buen rato de charla y cervezas o a esas veces en las que, no queriendo interrumpir la conversación con él, decides acompañarle hasta la puerta de su casa y allí –a su vez– él insiste en acompañarte de vuelta a la tuya en plan yoyó, y vais y venís del portal de una al de la otra sin querer dejar la conversación, como uno no quiere devolver a la estantería, así sin más, un libro con el que ha disfrutado. El epílogo es al libro lo que el bis a los conciertos; lo que pasa en que en este caso no sale al escenario el cantante sino el guitarrista –un servidor que ha editado este libro– que se marca un solo interminable porque el personal no se quiere ir. Pero –además de un ardid para conseguir que durante unos minutos más tengas en las manos este pequeño objeto de 16,8 x 11,5 cm y de un grosor de 1 cm– este epílogo debe servir sobre todo para explicarme. Porque los lectores habituales de esta humilde editorial –dedicada casi exclusivamente a las memorias y libros de viaje– tal vez piensen que al envejecer también estoy enverdeciendo y volviéndome un poco gagá y por eso ahora me dedico a publicar libros de dibujos –porque la vista falla para leer– y cosas de folleteo, porque con la edad uno está más para la rememoración que para la acción. He editado algunos libros preciosos –aunque esté feo darse uno mismo el jabón– que recordaban la infancia, la muerte de la madre, los días en que, sin trabajo y sin esperanza, la tristeza te arrasaba y encadenaba a un tresillo. Libros que evocaban los años en los que una gata te acompañaba, los pasos dados décadas atrás por las calles sombrías de Toledo vistos ahora desde la lejanía de una ventana en Brooklyn, o que nos trasladaban a Centroamérica, Irán, Rusia e incluso uno, titulado "No lejos", que nos situaba –más humildemente– en los senderos polvorientos cercanos a Elche... Tal vez porque soy un desmemoriado me interesa tanto todo lo que tiene que ver con la memoria, con sujetar las cosas para que no se precipiten en el hondón del tiempo... No me había dado cuenta de que hasta ahora no había publicado nada que tuviera una mínima referencia al metisaca, porque a lo mejor sabía que esos recuerdos son de los que no se pierden aunque diluvie. Que esas palabras escuchadas en la cama, tresillo o mesa de cocina a la noche, en la siesta o de buena mañana –según gustos– son como las lágrimas de cristal que lloran algunas Vírgenes –y me refiero a tallas no a chavalas– que no hay lluvia ni aguacero que diluya.

Tres meses antes de morir por la esclerosis lateral amiotrófica que padecía, Tony Judd consiguió acabar su último libro *El refugio de la memoria*, postrado en una camilla que hizo que instalaran en su biblioteca; un texto precioso que repasa su vida justo antes del fin y en el que nos cuenta que ¡Zakhor! –RECUERDA– es uno de los mandamientos rabínicos más importantes. Estamos hechos de recuerdos... sin ellos seríamos simples solomillos. Pero así como aunque mil rabinos reunidos en un coro me gritaran ¡ZAKHOR!

desde la tebá no podría recordar cómo se hacen las derivadas o integrales –algo que una vez sí supe–, no necesito ningún mandamiento para tener presentes, como si hubiera pasado ayer, los primeros besos o las primeras veces que mis manos se lanzaron a hacer espeleología bajo la ropa de alguna chica.

Por eso me resulta extraño el éxito de un libro tan ilegible como "Me acuerdo" de Perec, un texto en el que el autor intentaba, –según explica en un *post scriptum*– sacar a la luz recuerdos banales, casi olvidados y a la vez comunes a muchos. Nombres de actores o cantantes franceses de quinta fila que –a los que no somos gabachos– nos suenan a chino, marcas de publicidad o de productos que nunca se consumieron por estos lares o cosas extrañísimas: el libro está lleno de estas minucias que me dejan más que frío, congelado. Perec recuerda en uno de estos textos que un amigo de su primo Henri cuando estudiaba vestía siempre de pijama. Ojo al dato: que un amigo de su primo se ponía pijama para estudiar. ¿Quién coño –y perdón por el coño– recuerda si los amigos de nuestros primos estudiaban en pijama, con el mondongo al aire o con un pasamontañas puesto como mi amigo Nacho, que era un friolero? Estamos en un tiempo extraño en el que mucha gente –como si no se fiase de su memoria– se tatúa el nombre de sus hijos, de su novia, novio o novie o el retrato con todos sus pelos de un perro o gato querido y ya muerto. Pero Juan Álvarez sabe que hay palabras que no necesitan estar escritas sobre la piel porque en realidad están bajo ella, como esa frase que a todos nos ha dicho alguna vez alguien desnudo y con los brazos abiertos: VEN AQUÍ. Con nitidez, con una transparencia casi de lago de montaña nos llaman estos textos y dibujos de Juan, estas palabras que a cada cual le traerán recuerdos, cosas escuchadas, besos dados y cuerpos calentitos abrazados en las noches de invierno. Por indicación de Perec en todas las ediciones de su libro se añadían al final algunas hojas en blanco para que los lectores escribieran ahí sus propios "Me acuerdo". Como tuviera como editor que dejar aquí páginas para que el personal escribiera en ellas sus polvos y lodos este librito saldría del grosor de "Los hermanos Karamazov", que hay mucha alegría, mucho Tinder y también –por qué no decirlo– mucho fantasma que confunde recuerdos con fantasías. Dejaré cuatro hojas y apañaos como podáis... y si os faltara espacio pensad que estáis escribiendo en aquel libro de arena que imaginó Borges, en el que tras la última página siempre había otra y tras ésta otra más y así hasta el infinito.

Pero volviendo a este libro que tienes entre las manos –más humilde y terrenal que mágico y arenoso–, surgió de una conversación entre amigos en la que, desbarrando ya un poco, le dije a Juan que si me hacía algo se lo editaba, pero que nada de sutilezas, medias tintas, ni rollos existencialistas: que quería un libro sobre EL TEMA –así, en singular–, sobre lo importante de verdad: el toma y daca. En realidad era una propuesta que me recuerda mucho aquellas tardes lejanísimas de la adolescencia en las que nos íbamos a bañar a las gargantas de la Vera y subidos en un puente altísimo alguno de la pandilla decía: ¿a que no hay huevos de tirarse desde aquí? Nunca imaginé que Juan iba a aceptar mi envite y saltar al vacío sin pensárselo, y menos aún que iba a conseguir hacer algo tan delicado y evocador como este "Las palabras del sexo". Porque tratándose de un asunto tan carnal era muy fácil que esto hubiera parecido una casquería y sin embargo hay algo inocente y a la vez picante –tierno y perverso– en estas páginas. Como si hubiera sabido combinar en un cóctel extraordinario –como los mejores barmans– ingredientes aparentemente incompatibles que luego agitados dieran como resultado una bebida a cuyo encanto es imposible resistirse, como ocurre con los elixires mágicos en los cuentos.

Mucho se ha escrito, mucho ha llovido y nevado –allá donde llueva y nieve– y mucho se ha sudado en cientos de veranos en estas tierras de Murcia desde que hace casi dos mil años Horacio escribió lo de *Ut pictura poesis* y se comenzó a pensar en la relación entre texto e imagen; pero no os asustéis: no soy hombre riguroso que vaya a entrar en profundidades o erudiciones. Me da la sensación de que el único rigor que voy a tener es el mortis cuando fine porque siempre escribo como los rebaños de cabras cuando las llevan al campo: desordenadamente, ramoneando de un lado a otro buscando lo verde y subiéndome, si hace falta a lo alto de un árbol cualquiera. Volviendo a la pintura y la poesía –la palabra y la imagen–, por edad tanto Juan como yo mismo nos educamos en un tiempo en el que las primeras letras estaban siempre cerca de pequeños dibujos. Aprendíamos en las cartillas del parvulario a escribir LORO mirando el dibujo de uno en el margen, pero es más, incluso era muy frecuente que nuestras primeras lecturas –"Robinson Crusoe", por ejemplo– las hiciéramos en libros en los que la historia podía ser leída o, si te atrancabas o ibas tan lento con las palabras que se te hacía pesado, podías seguirla por las páginas en las que se contaba en dibujos la odisea de aquel náufrago y se veía la huella de Viernes plantada en la playa de aquellas páginas impares. Como si un comic y un libro ceñudo se hubieran acostado y el niño –fruto de aquel polvo– hubiera sacado cosas de ambos progenitores. Pertenecemos a la estirpe milenaria de los que han nacido bajo ese imperio en el que reinaban unidas la palabra y la imagen, entreveradas como la grasa y lo magro en los jamones buenos. Una hegemonía nacida allá en el antiguo Egipto que finalizó cuando los Instagramers –que aún acompañaban sus fotos de comentarios y etiquetas– dejaron paso a los Tiktokers y a su reino mudo de aspavientos y tías buenas. Nosotros sin embargo nos criamos en aquella prehistoria en la que hasta las revistas porno tenían texto y se usaban no solo para mirar los santos, como decían nuestras abuelas, sino que también se leían –aunque ahora esto resulte estrafalario e inverosímil–. Muchas veces las palabras eran más *ponedoras* (no estoy seguro de que esta palabra aún exista) que las fotos. Recuerdo aún, por ejemplo, un relato magnífico: "Gerda la insaciable", la historia de una muchacha que se metía en obras para remodelar una antigua casa campestre para lo que contrataba a dos albañiles descamisados y de torso aceitado. Los paletas trajinaban alisando unas paredes cuando ella les pidió ayuda para enroscar las bombillas de una lámpara. Que le sujetasen la escalera de tijera para que pudiera subir a hacerlo –les dijo– y, a pesar de que al llevar minifalda pero no bragas enseñaba toda la hamburguesa, Gerda se subió a lo alto. Hasta aquí puedo leer... *Ut pictura poesis*: pienso al recordar aquel LIB y cómo uno cabeceaba del texto a la imagen y de la imagen al texto y, a veces con un ojo plantado en cada hoja, daba gracias al Señor por habernos diseñado con dos en vez de con uno. Pero descendiendo de aquella escalera y volviendo a este librito que tienes entre las manos siento que Juan ha conseguido algo que tiene su poco de milagro y es la sensación de que sus palabras estuvieran dibujadas y los dibujos escritos. Aunque sé que con esta frase no consigo explicarlo, intento decir que hay algo en estos breves textos que no está hecho solo con palabras sino también con silencios y, a su vez, que los dibujos más que con el trazar o hacer tuvieran que ver con quitar, con desnudarse como pasaba en aquel poema de Juan Ramón en el que la Poesía hacía un striptease y se despojaba de todos los ropajes.

Quiero terminar citando un pequeño texto de María Negroni porque este mío se está alargando peligrosamente y no quiero que el libro acabe siendo como esos platos en los que la guarnición ocupa más que el filete. En su libro "Pequeño mundo ilustrado" María habla de "Fragmentos de un discurso amoroso" de Roland Barthes: "Yo veo en él, más bien, un diccionario de frases para rodear un vacío. Allí donde el lenguaje existe –pero quien habla ha dejado de existir (por estar enamorado)– todo lo que queda es un gesto que, estando abierto al sueño del sentido, no otorga ni reclama garantías". Al leer que las palabras rodean el vacío de quien al enamorarse desaparece, recordé mis estúpidas dudas cuando pregunté a Juan cómo iba a resolver la papeleta y si iba a dibujar mucho majé orgullosamente enhiesto y salpicando. Pero su solución es extraordinaria porque este no es un libro sobre el voyerismo –no hay testigos mirando–, son tan solo los recuerdos de alguien casi invisible, cuyo cuerpo apenas adivinamos en algunas páginas.

¡Zakhor!, Recordad... Recordemos aquellas bocas que besamos, aquellas palabras que escuchamos... los cuerpos en los que alguna vez nos perdimos hasta desaparecer, hasta casi olvidar todo.

JAVIER CASTRO FLÓREZ
Corvera, Agosto 2021

Por indicación del editor
se han dejado
4
hojas en blanco,
a continuación,
para uso de los lectores

~

La publicación de este libro ha sido posible
gracias a que los siguientes lectores
compraron el anterior
Días en Nueva York y otras noches
de Fernando Sanmartín

Simon Ángel Ros, Sonia Olivera Aracil, Agustín Pérez Leal, Luis Rodríguez Ascariz, Carlos Javier Cebrián, Rubén Santiago, Jose Vicente Fuster Montiel, Alberto Masó, Nelo Curti, Mari Ángeles Guillamón, Lola Garrido, Juan Carlos Hernando, Elías Moro, José Manuel Benítez Ariza, Juan Carlos Castro Méndez, Miguel Mesa del Castillo, Ángeles Carnacea, Ernesto Suárez, Michel Royo, Mario Rodríguez, Juan Luis Saldaña, Enrique Cebrián, Luis Navarro, Octavio Gómez Millán, Maite Nieto, Santiago Alonso Sagredo y Alfredo J. Ramos.